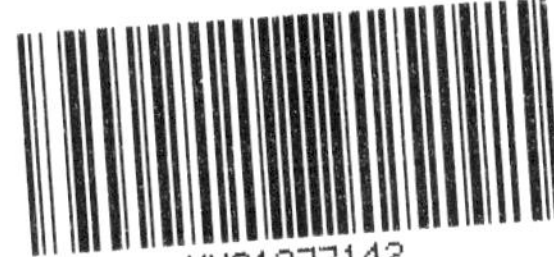

RAWR

THIS BOOK BELONGS TO:

_ _ _ _ _ _ _ _ _ _ _ _ _ _ _ _

_ _ _ _ _ _ _ _ _ _ _ _ _ _ _ _

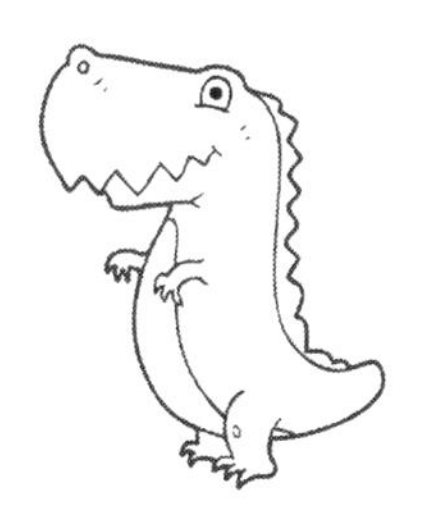

DINOSAURS: A How-To Drawing Book
Published by Dover Cliffs Publishing House
41 Mardon Avenue, Port Dover, ON. Canada N0A 1N8

Cover and Interior by: Dover Cliffs

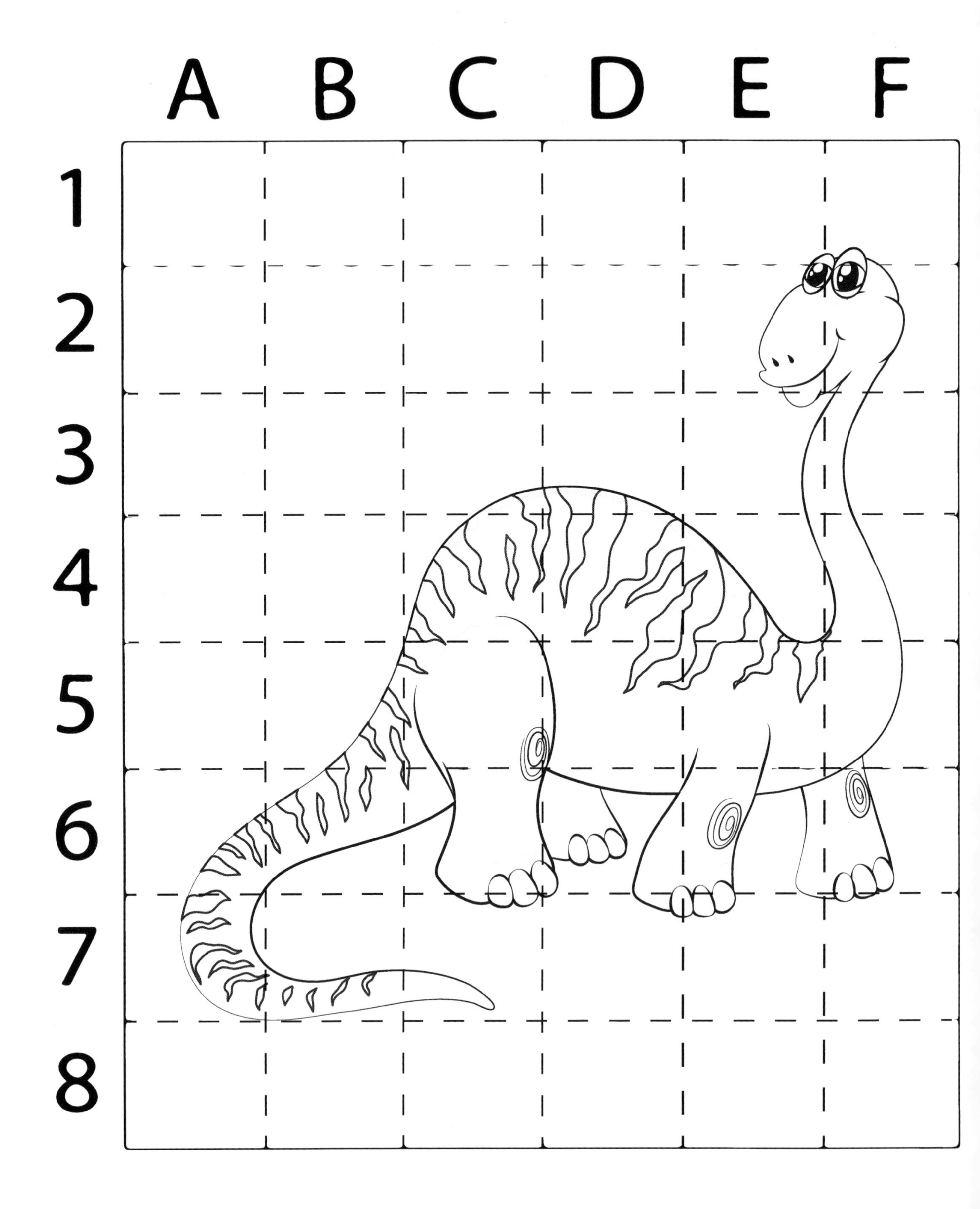
A
B
C
D
E
F
1
2
3
4
5
6
7
8

YOUR TURN!

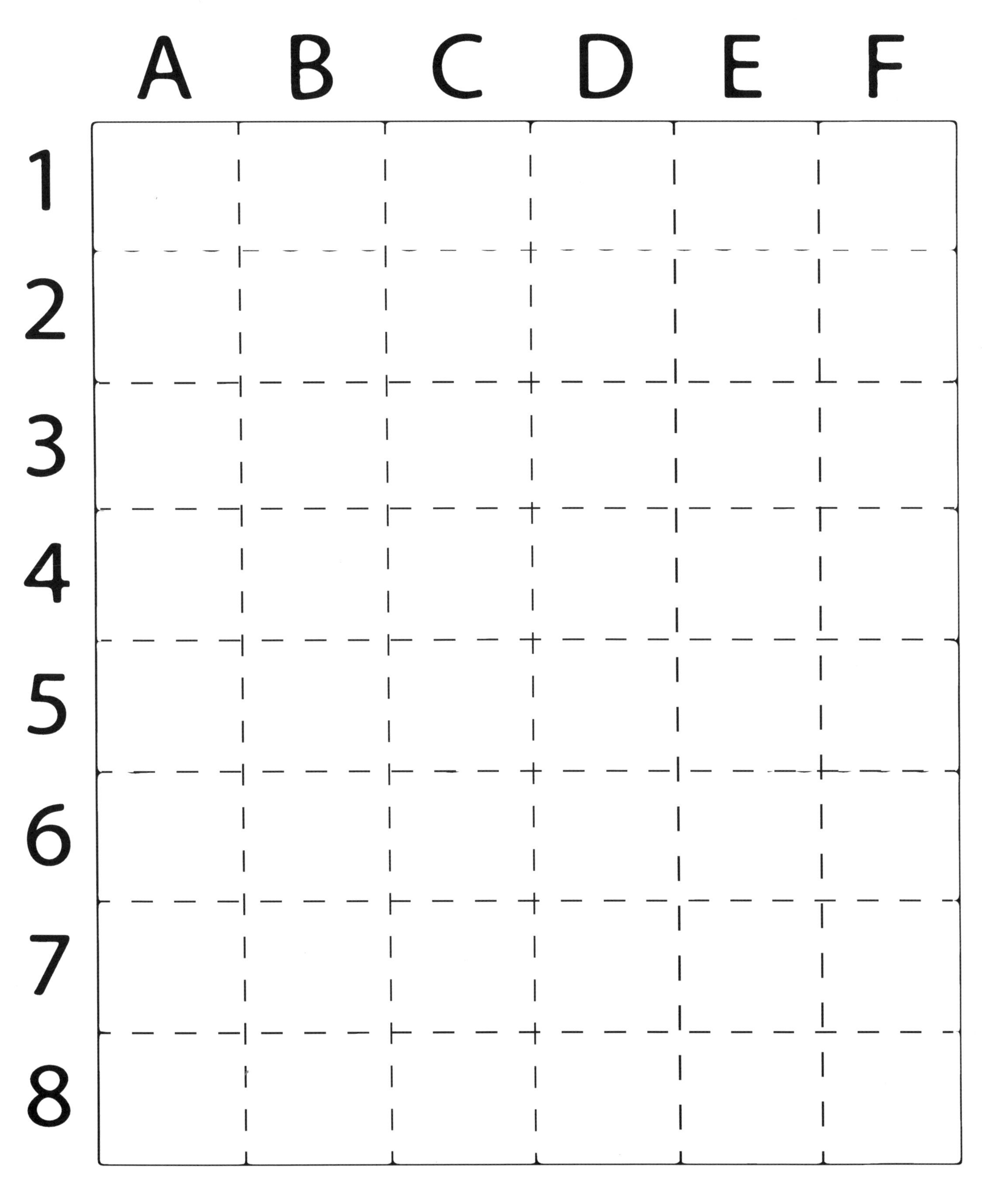

A
B
C
D
E
F
1
2
3
4
5
6
7
8

YOUR TURN!

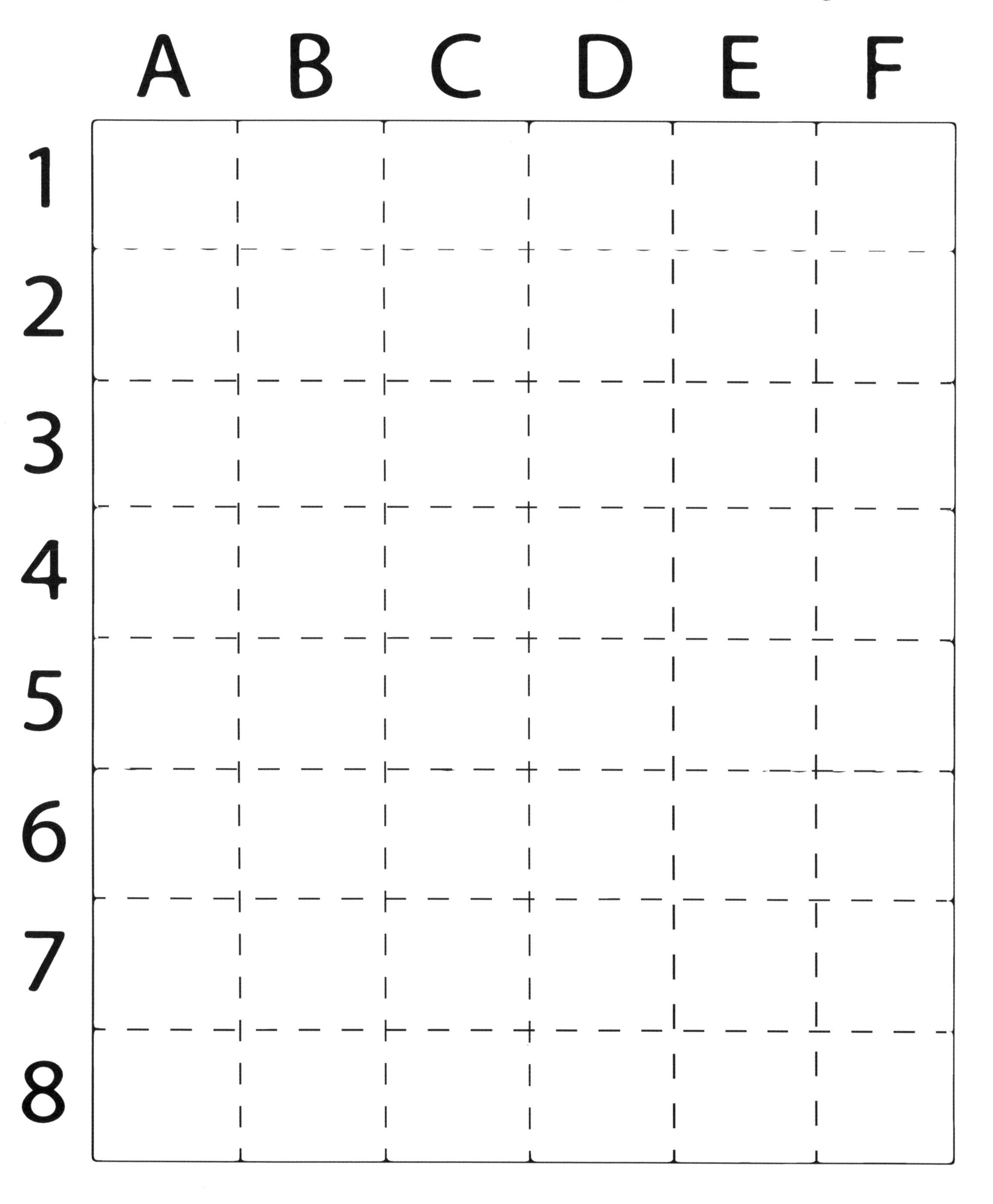

A B C D E F
1
2
3
4
5
6
7
8

YOUR TURN!

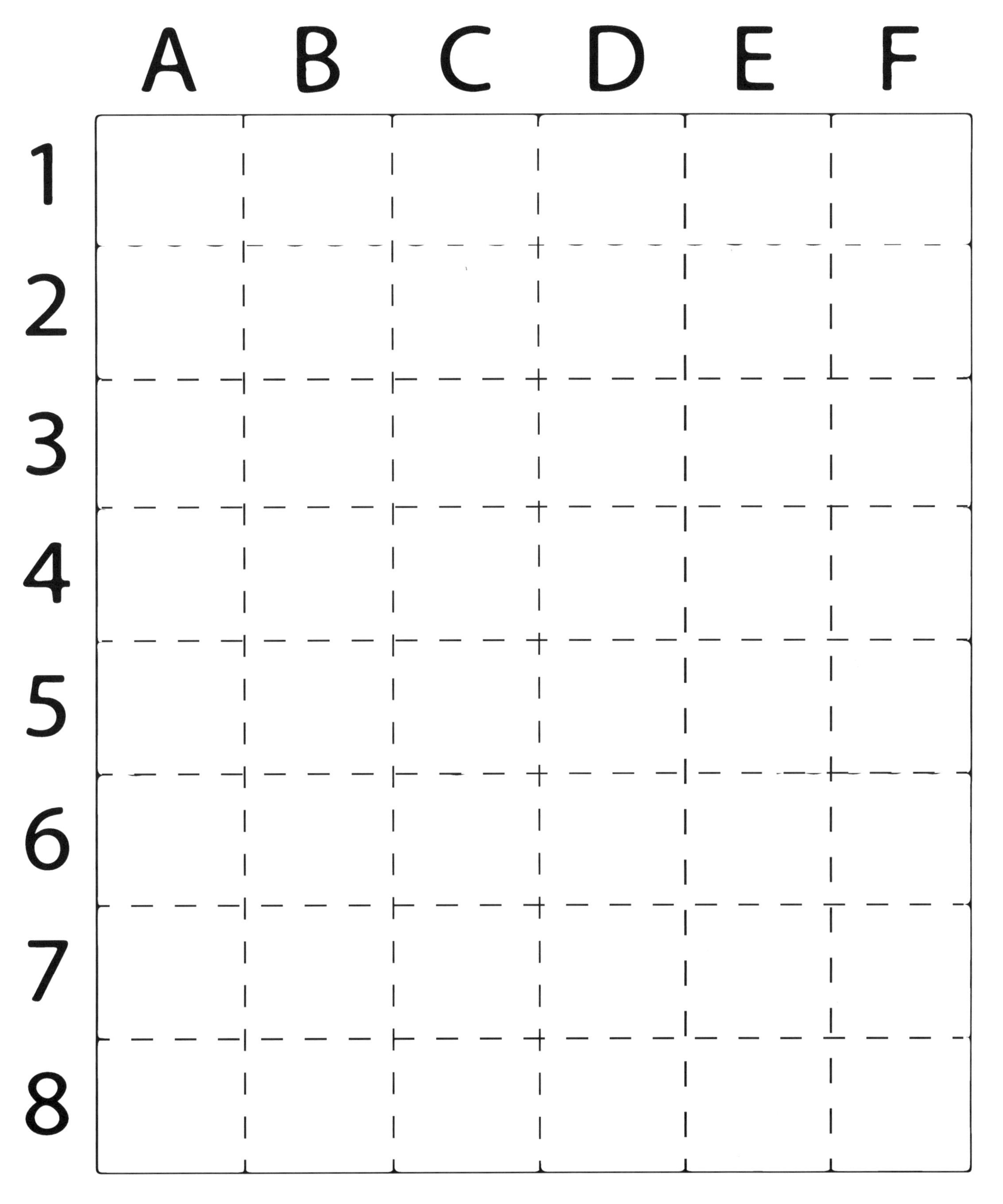

A
B
C
D
E
F
1
2
3
4
5
6
7
8

YOUR TURN!

	A	B	C	D	E	F
1						
2						
3						
4						
5						
6						
7						
8						

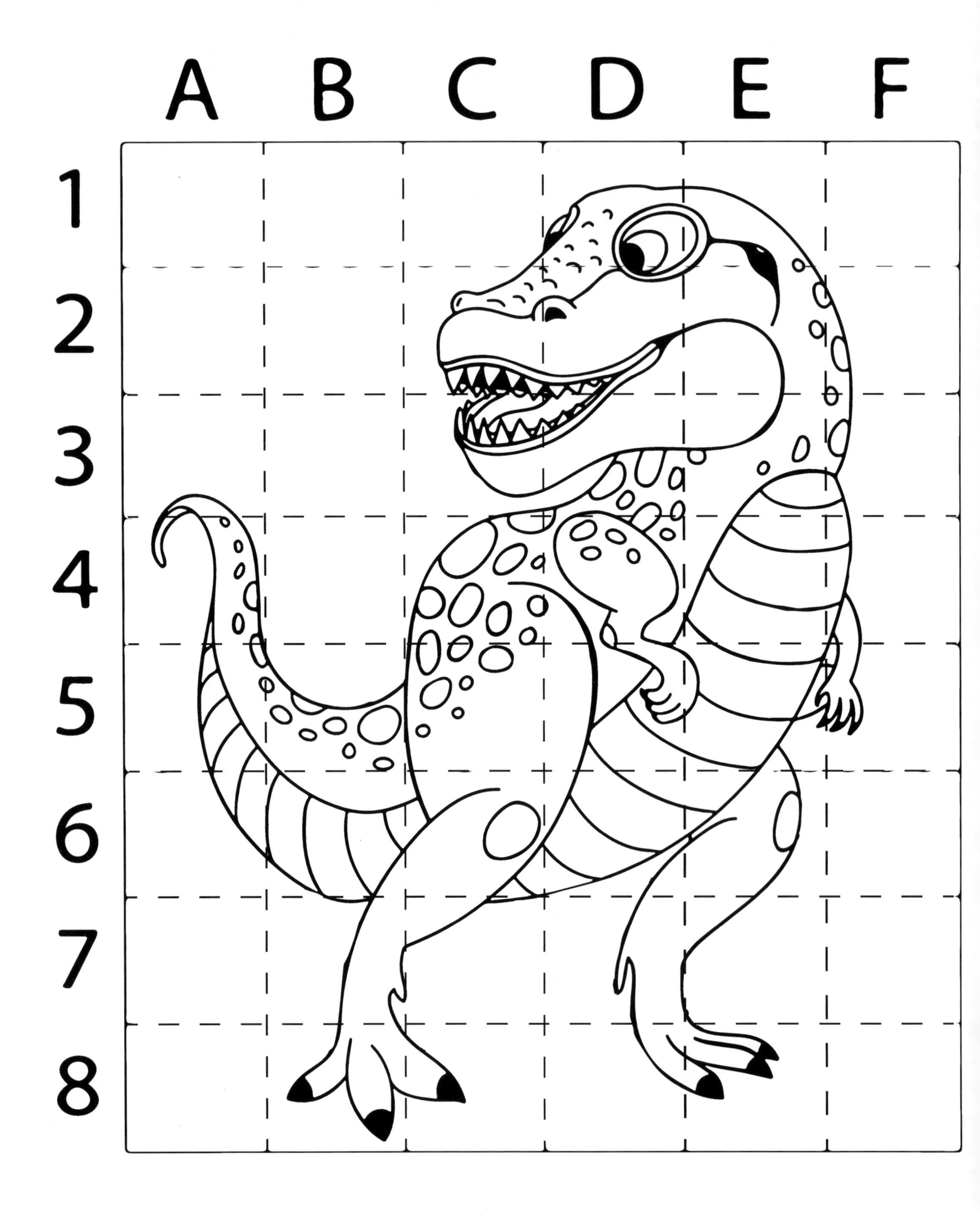
A B C D E F
1
2
3
4
5
6
7
8

YOUR TURN!

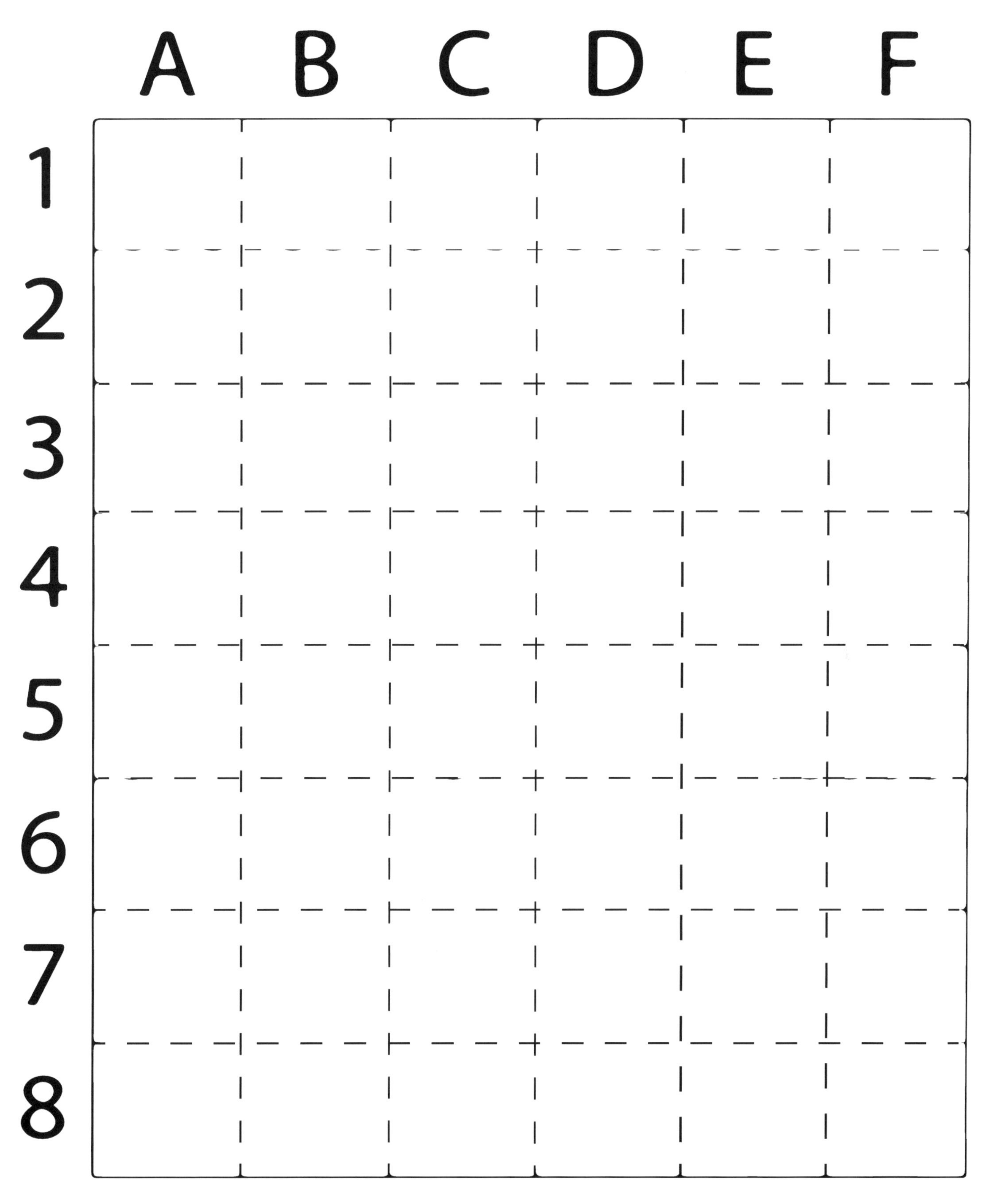

A
B
C
D
E
F
1
2
3
4
5
6
7
8

YOUR TURN!

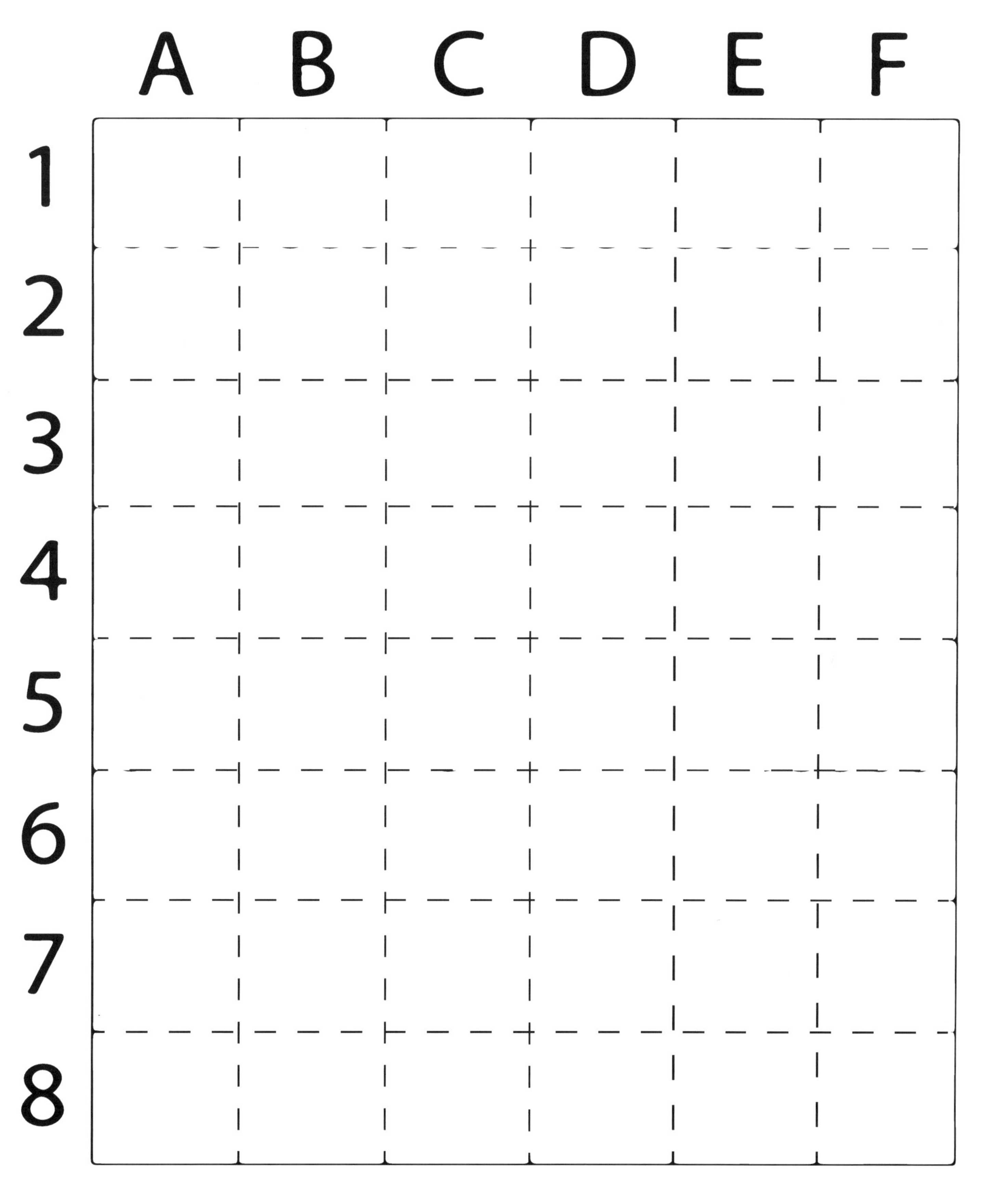

A
B
C
D
E
F
1
2
3
4
5
6
7
8

YOUR TURN!

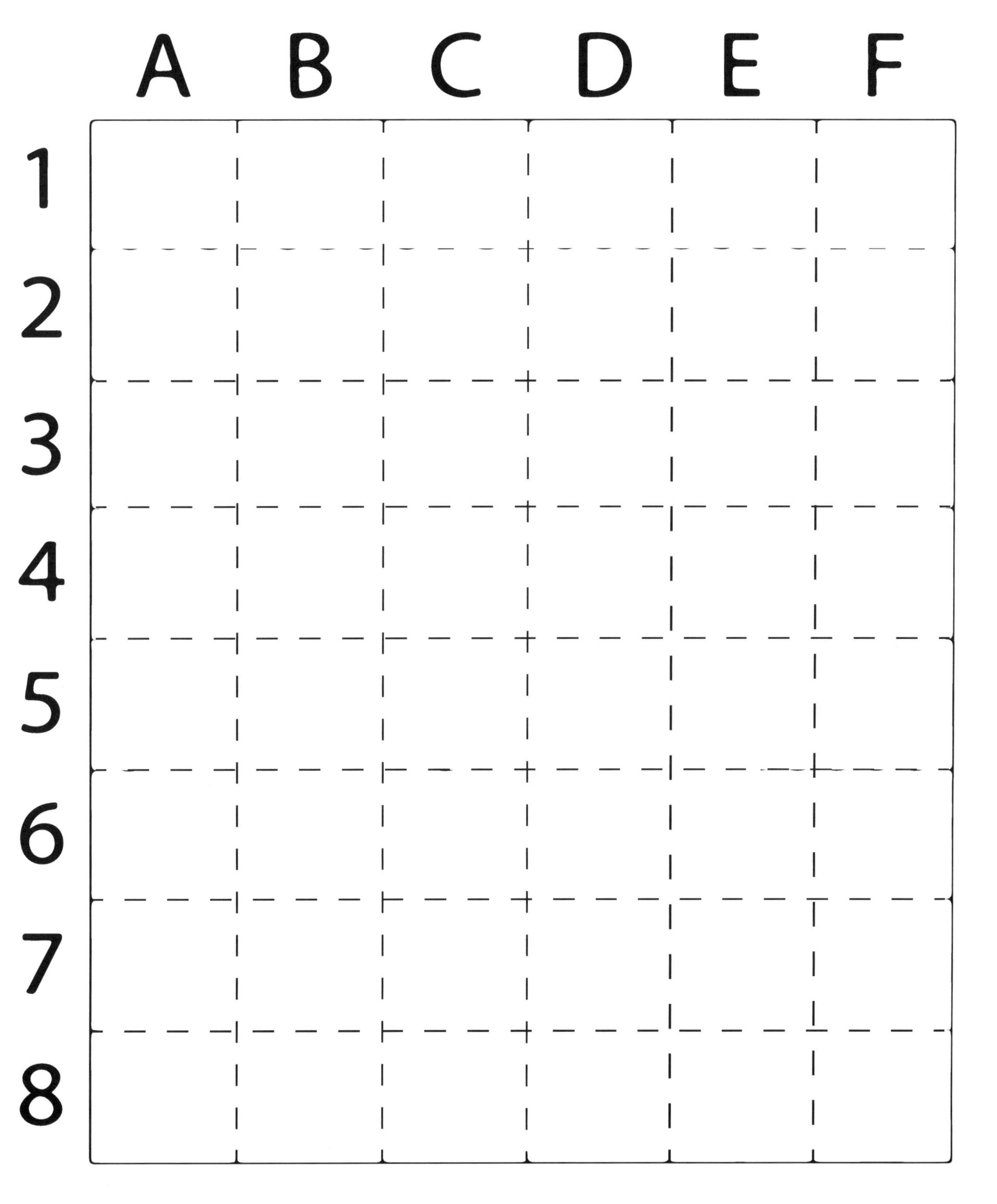

A
B
C
D
E
F
1
2
3
4
5
6
7
8

YOUR TURN!

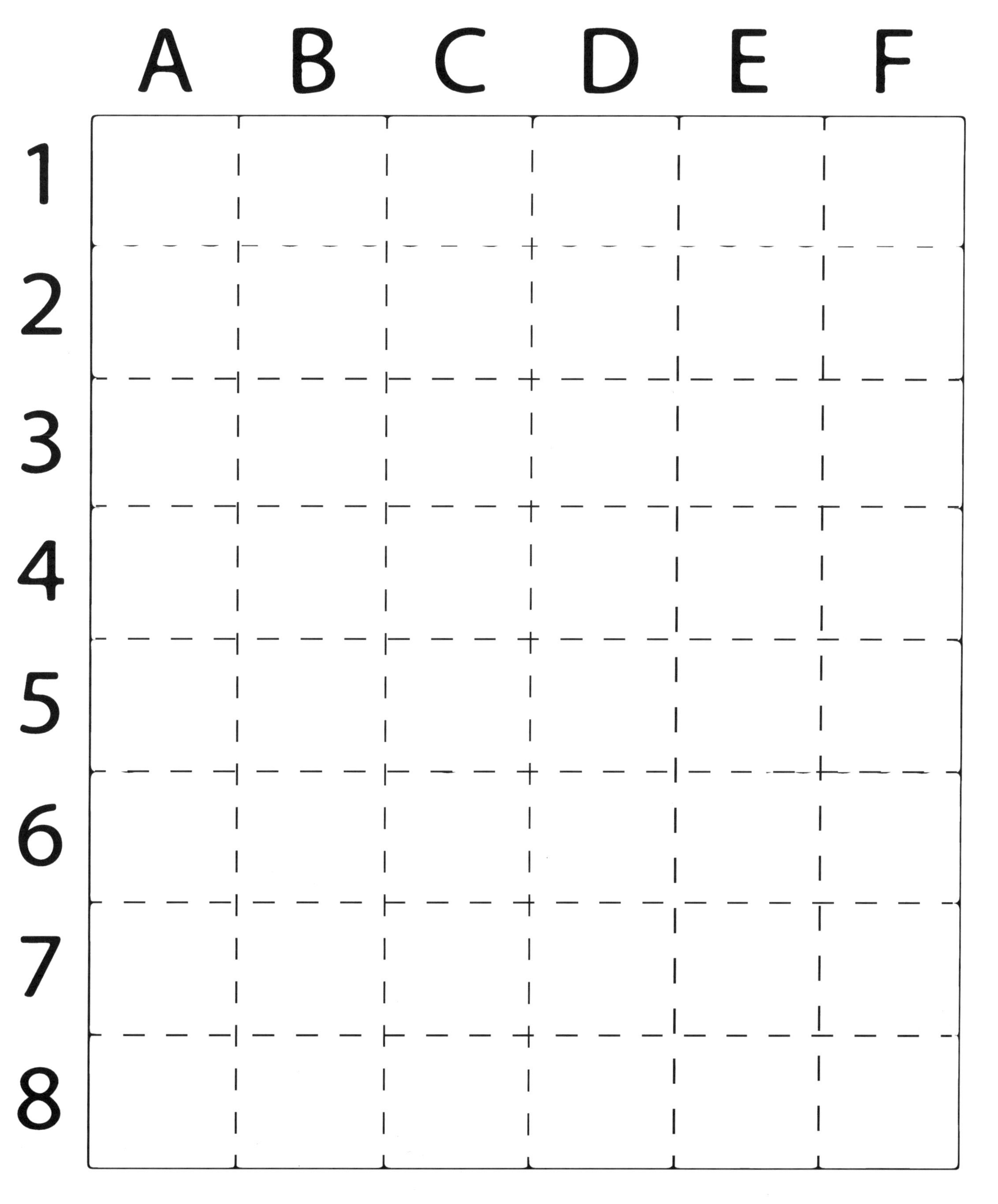

A
B
C
D
E
F
1
2
3
4
5
6
7
8

YOUR TURN!

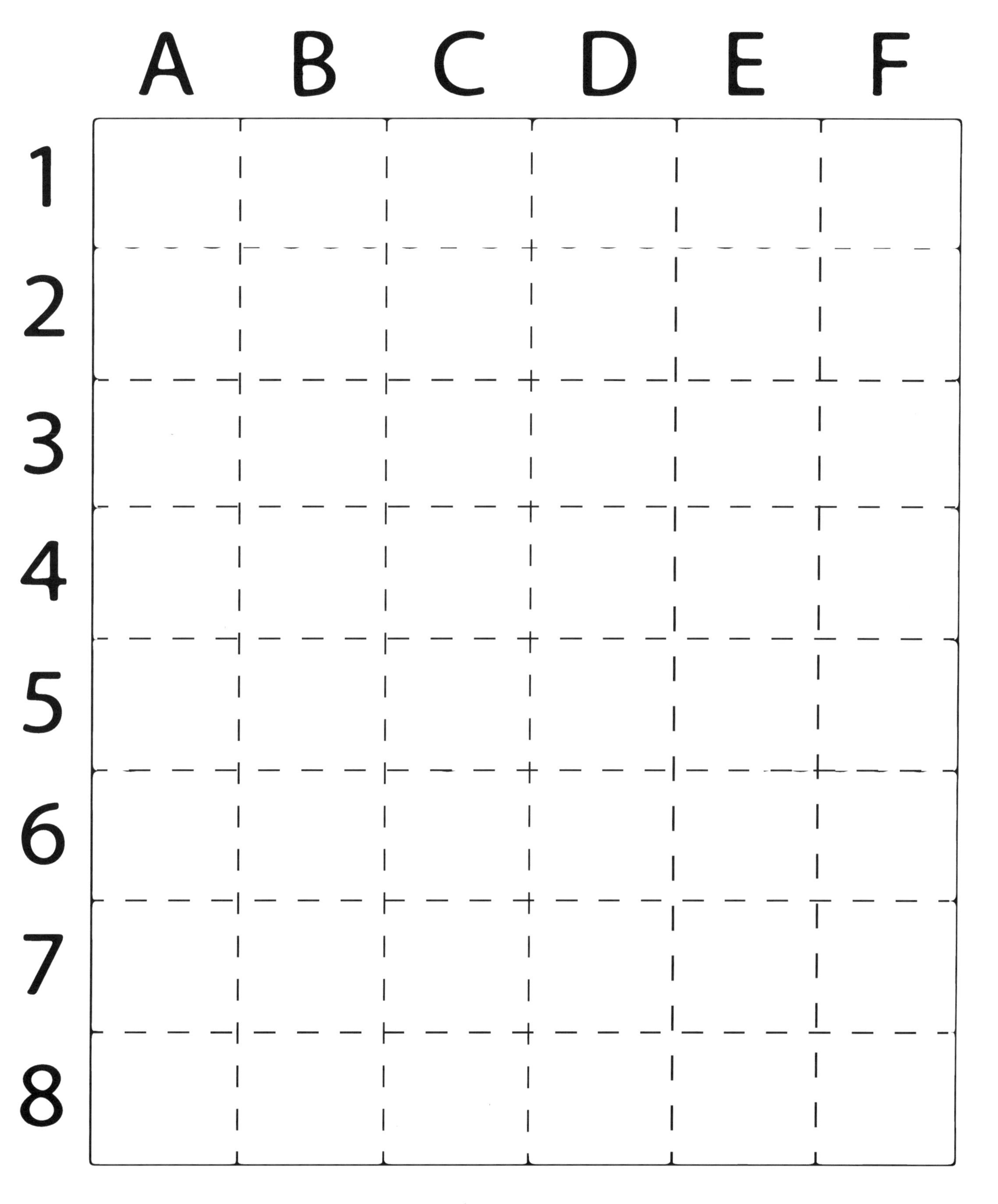

A B C D E F
1
2
3
4
5
6
7
8

YOUR TURN!

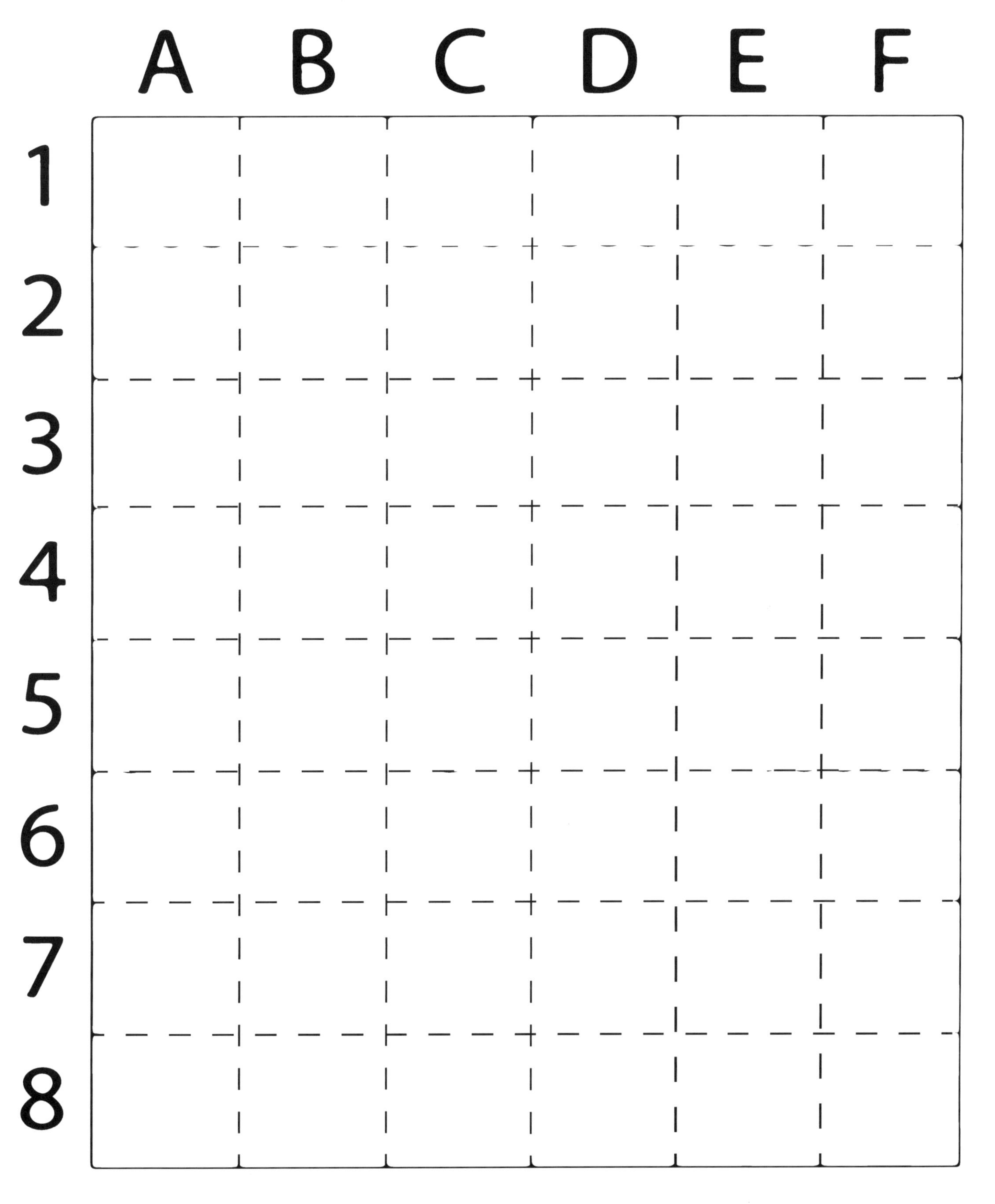

A B C D E F
1
2
3
4
5
6
7
8

YOUR TURN!

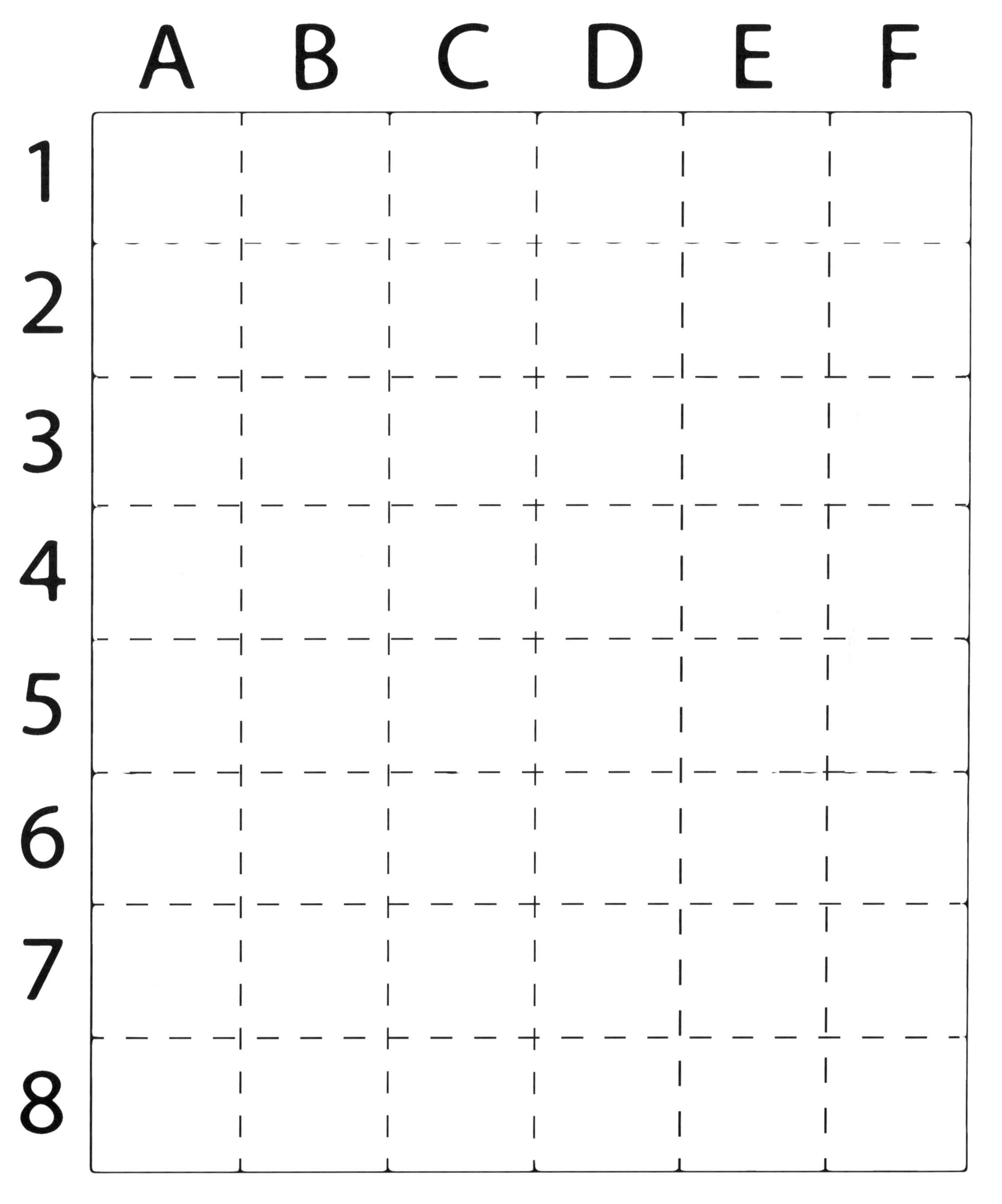

A B C D E F
1
2
3
4
5
6
7
8

YOUR TURN!

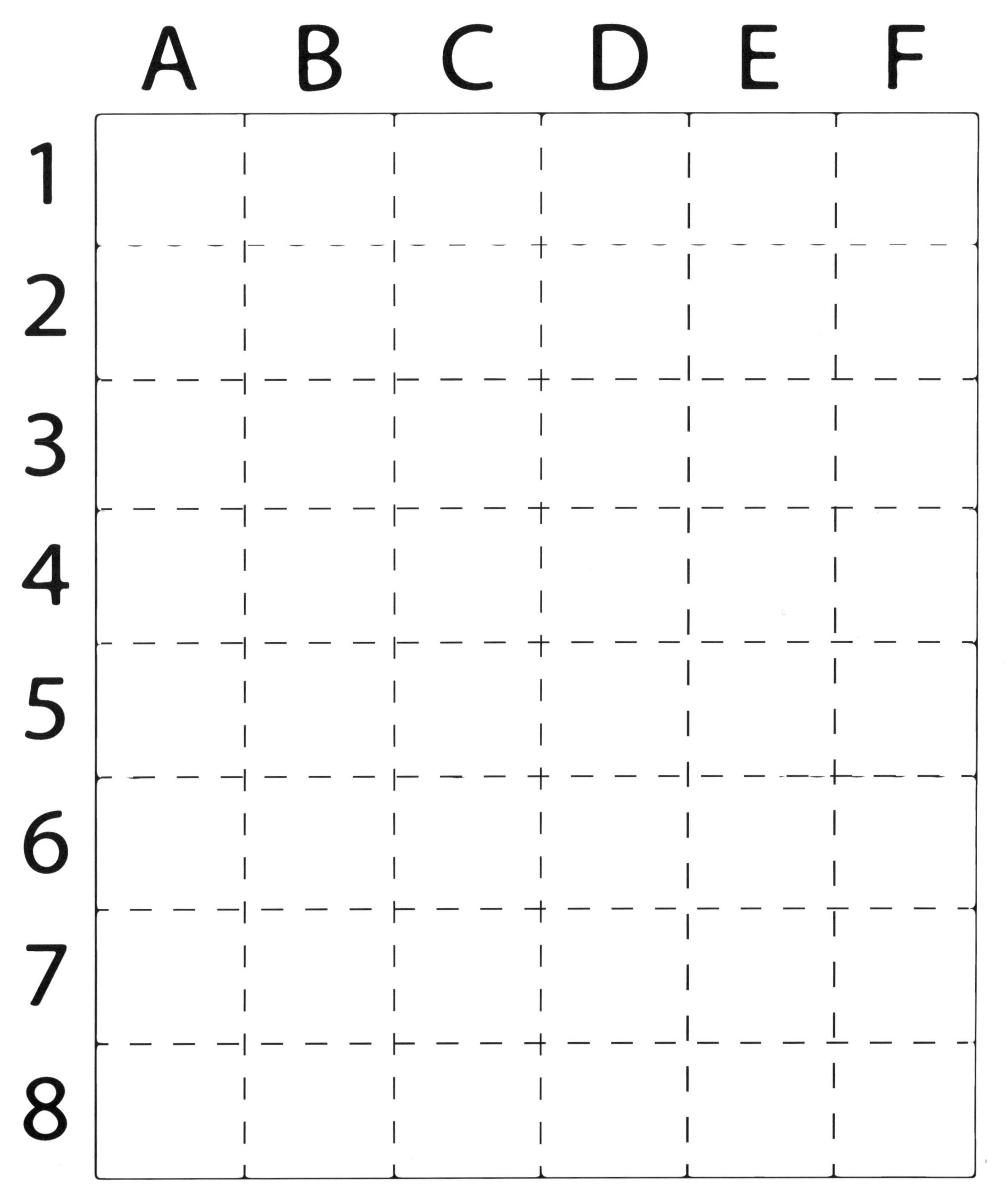

A B C D E F
1
2
3
4
5
6
7
8

YOUR TURN!

	A	B	C	D	E	F
1						
2						
3						
4						
5						
6						
7						
8						

A
B
C
D
E
F
1
2
3
4
5
6
7
8

YOUR TURN!

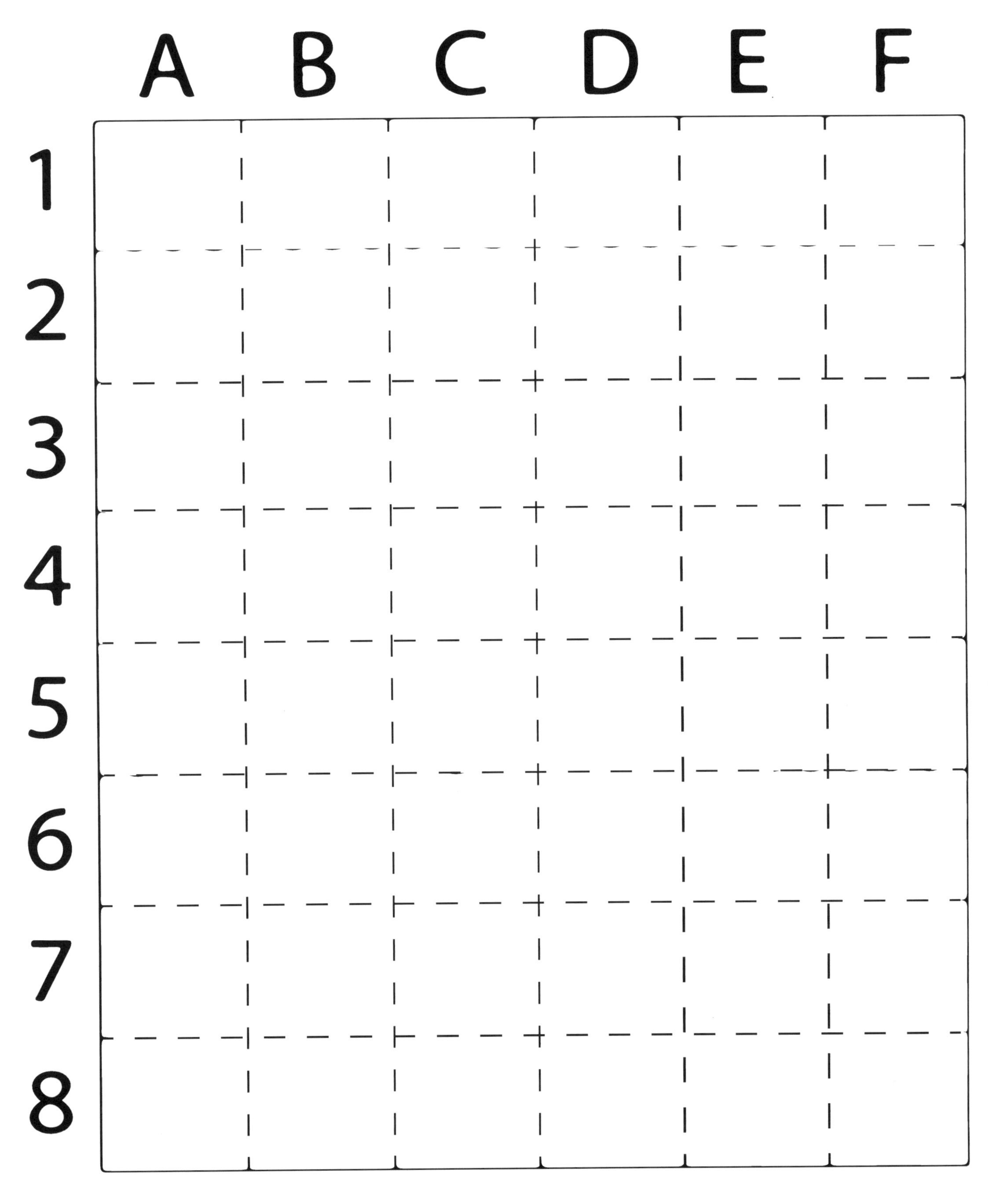

A B C D E F
1
2
3
4
5
6
7
8

YOUR TURN!

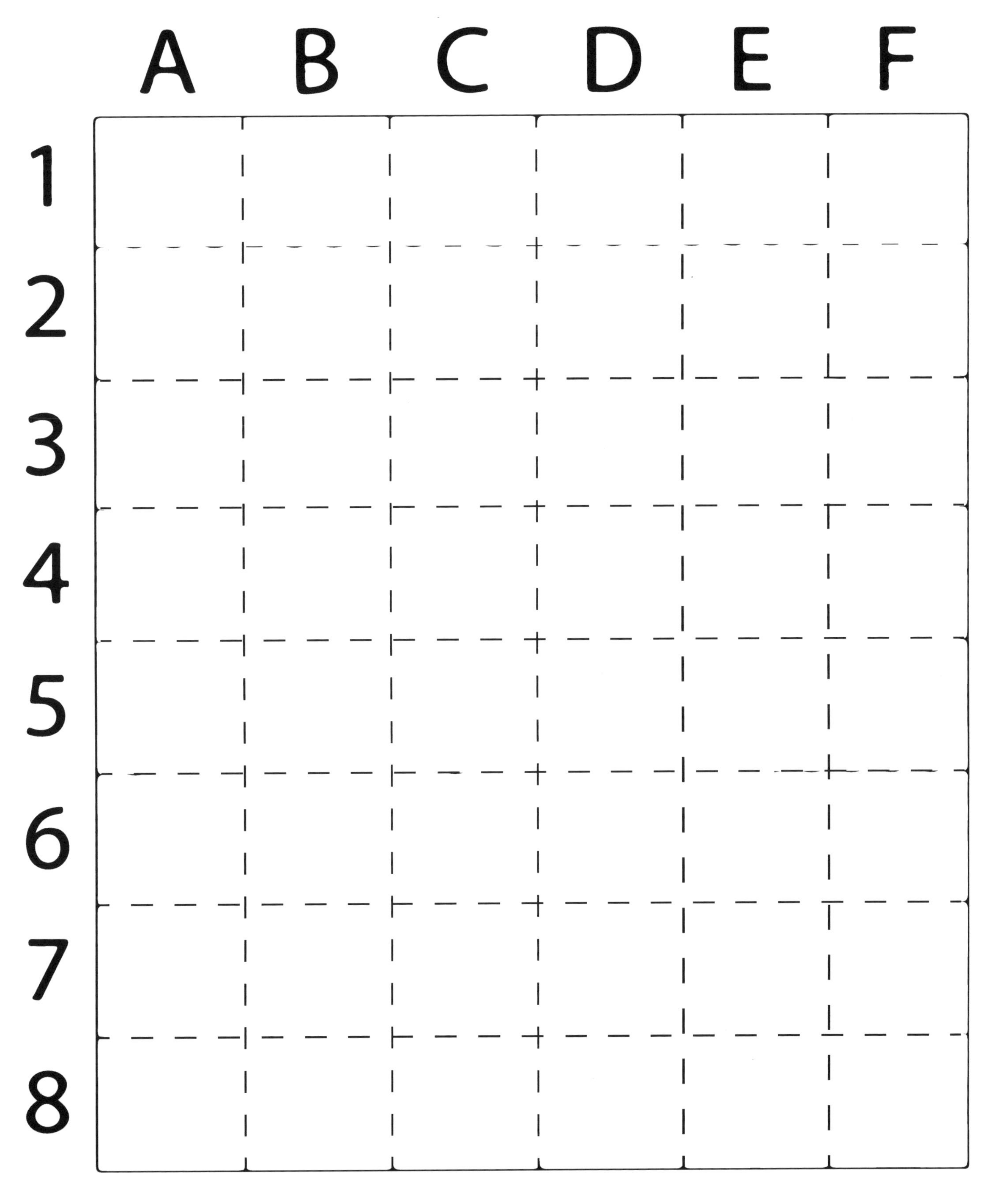

A B C D E F
1
2
3
4
5
6
7
8

YOUR TURN!

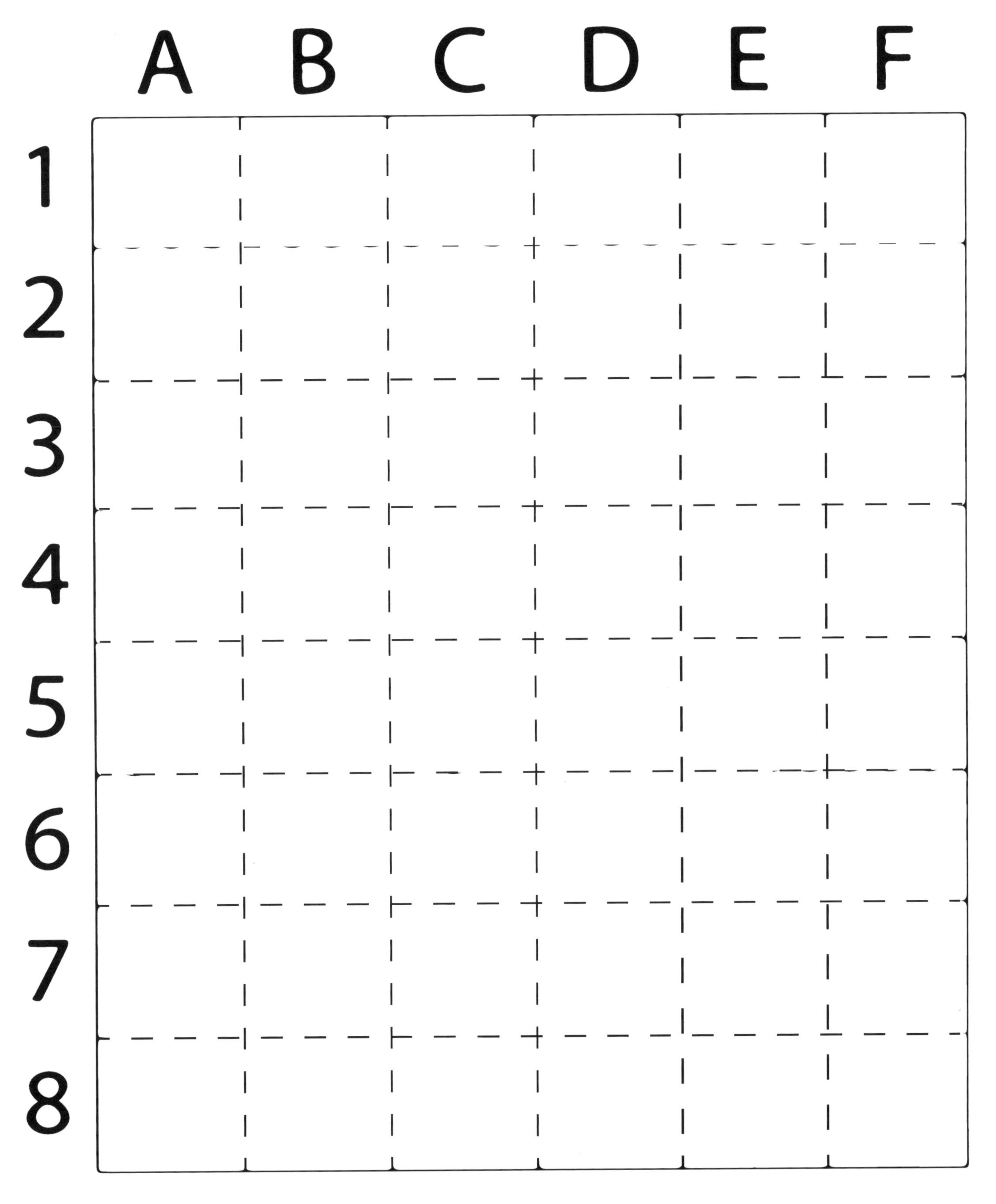

A B C D E F
1
2
3
4
5
6
7
8

YOUR TURN!

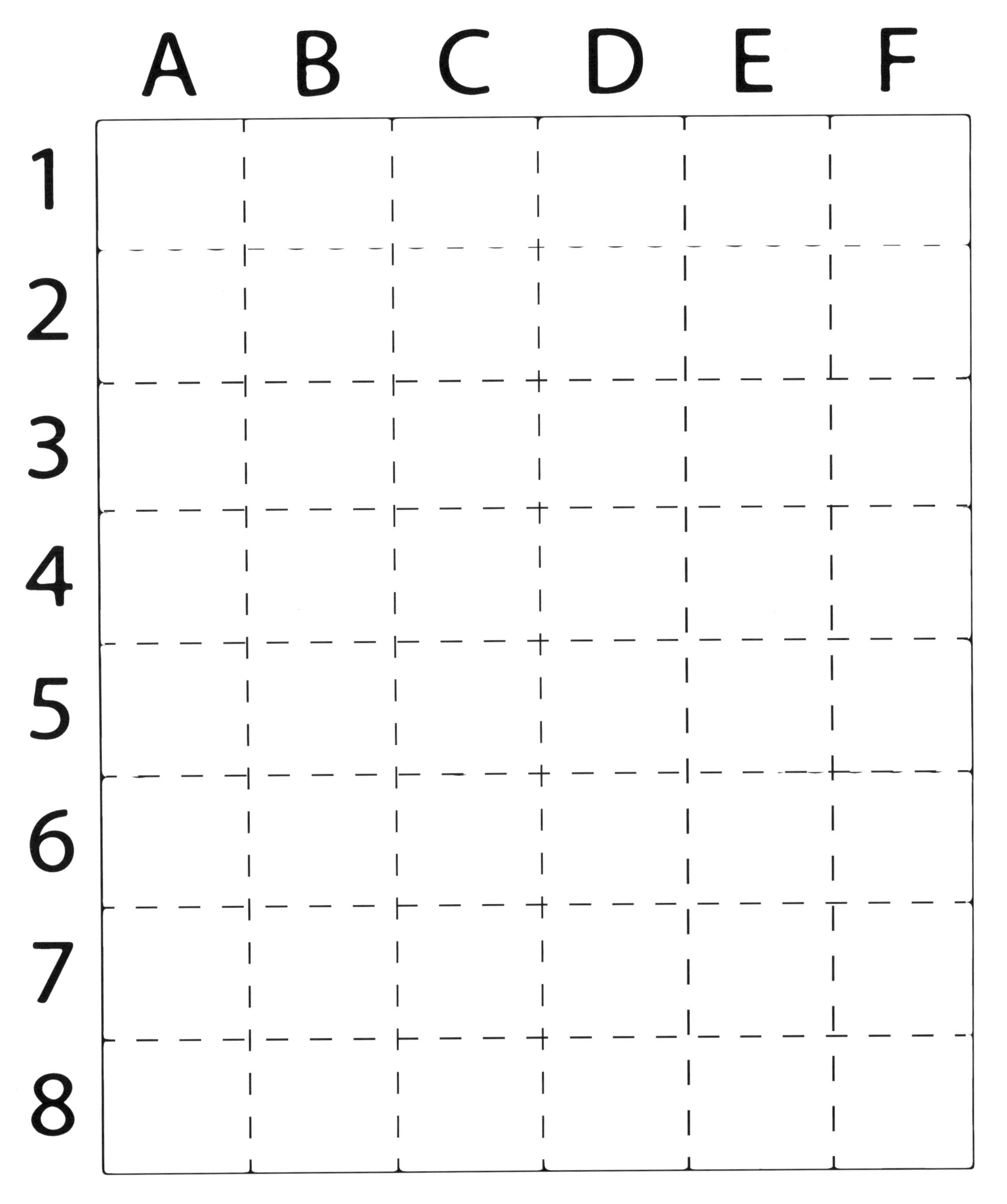

A B C D E F
1
2
3
4
5
6
7
8

YOUR TURN!

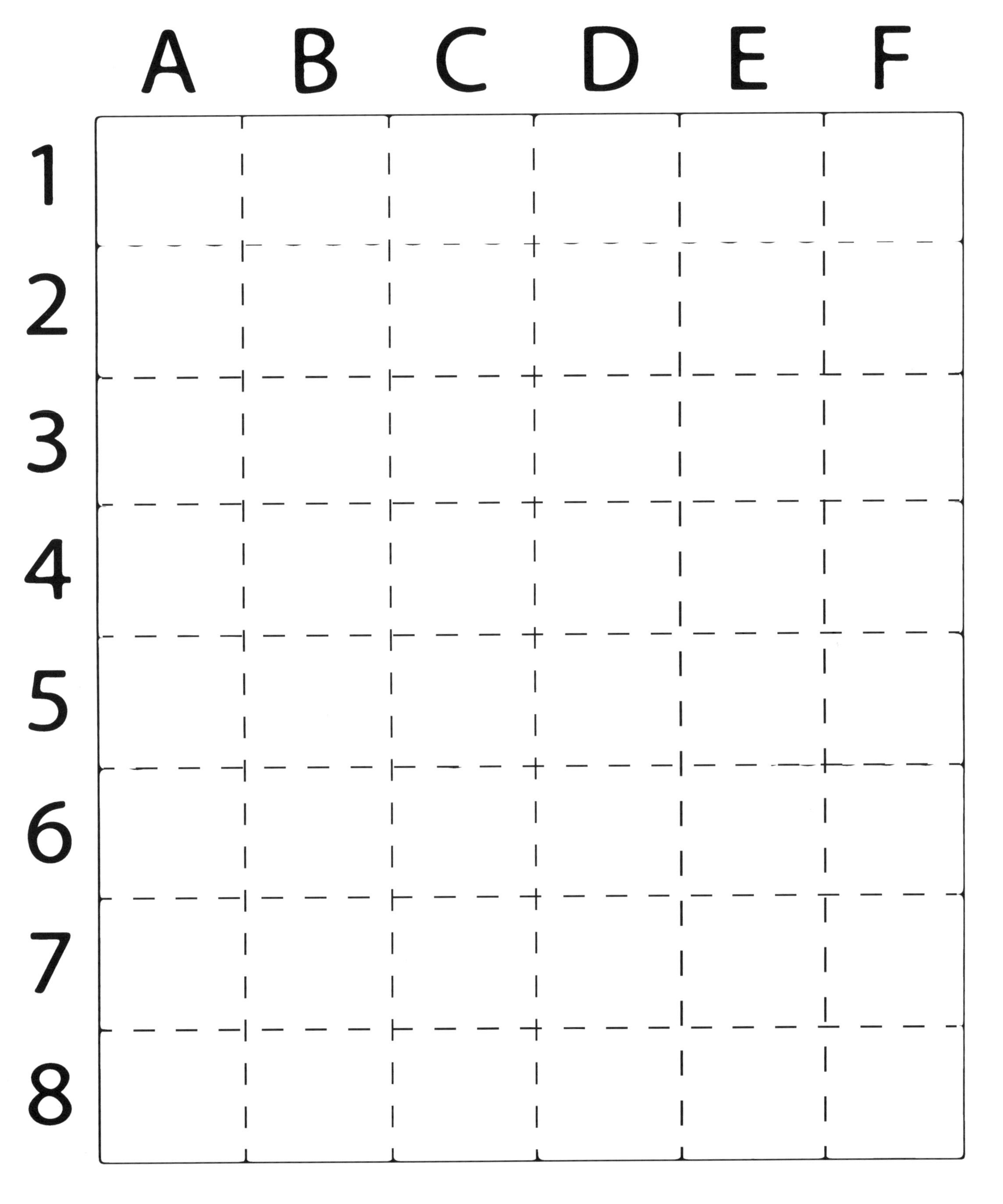

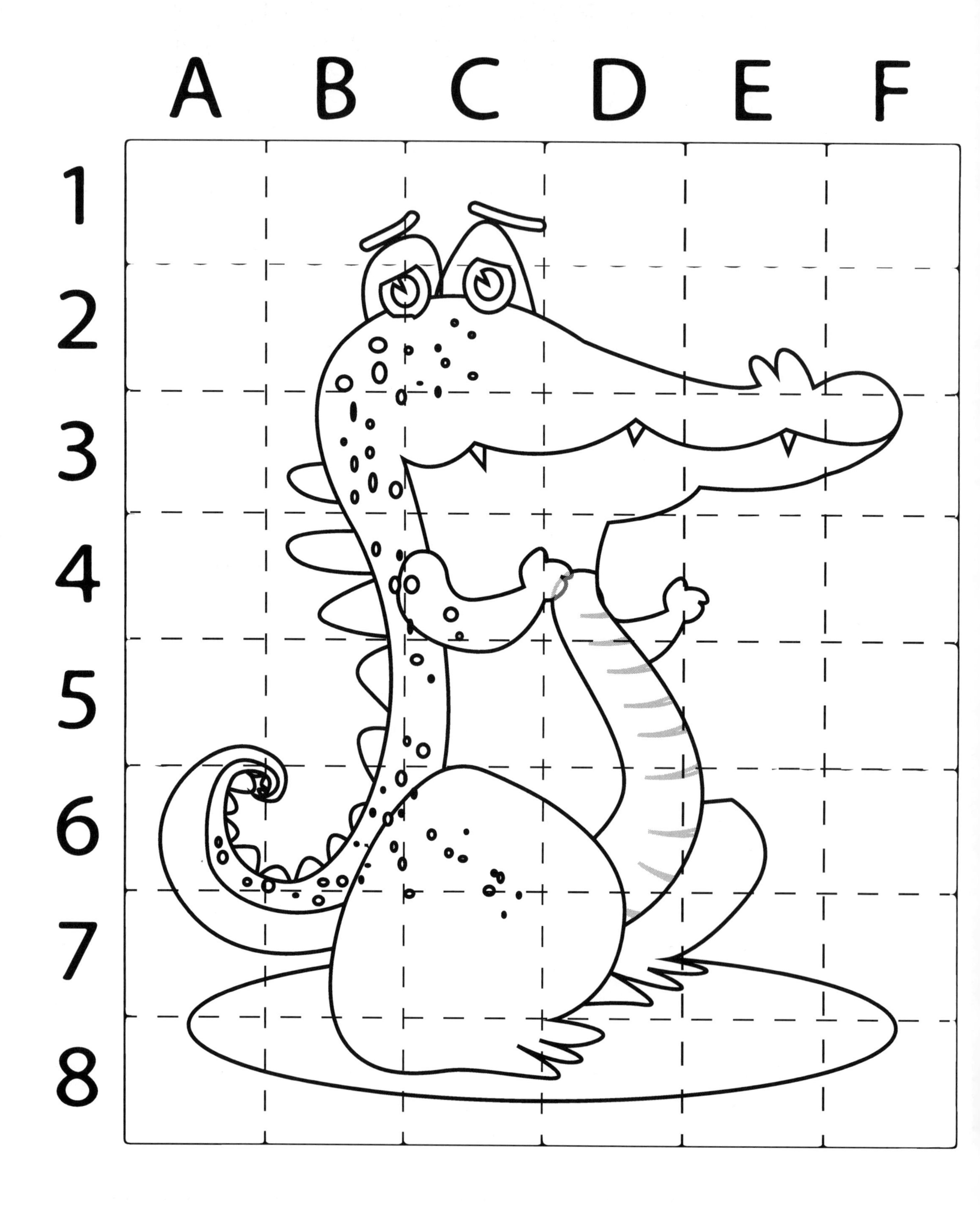
A
B
C
D
E
F
1
2
3
4
5
6
7
8

YOUR TURN!

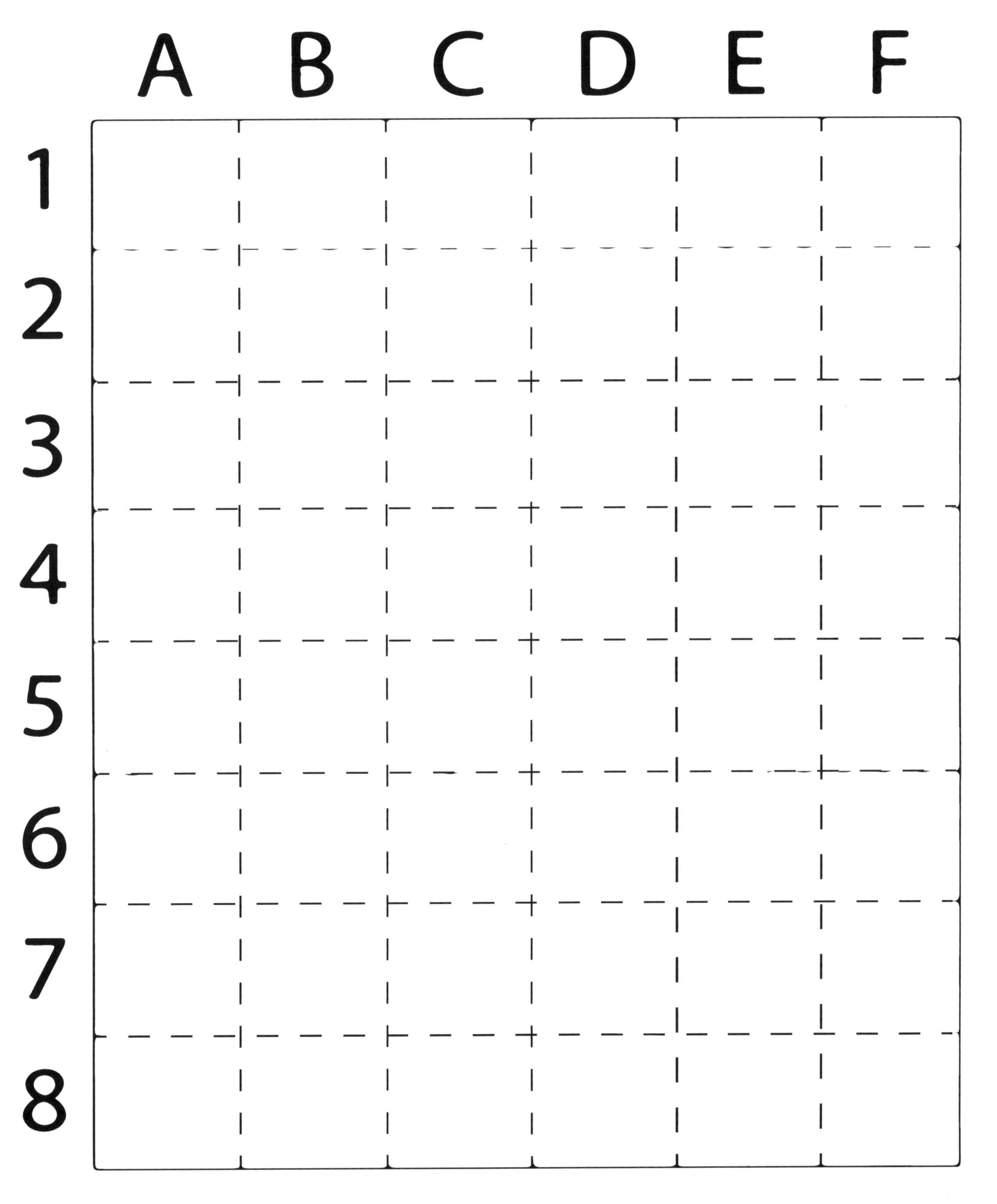

A B C D E F
1
2
3
4
5
6
7
8

YOUR TURN!

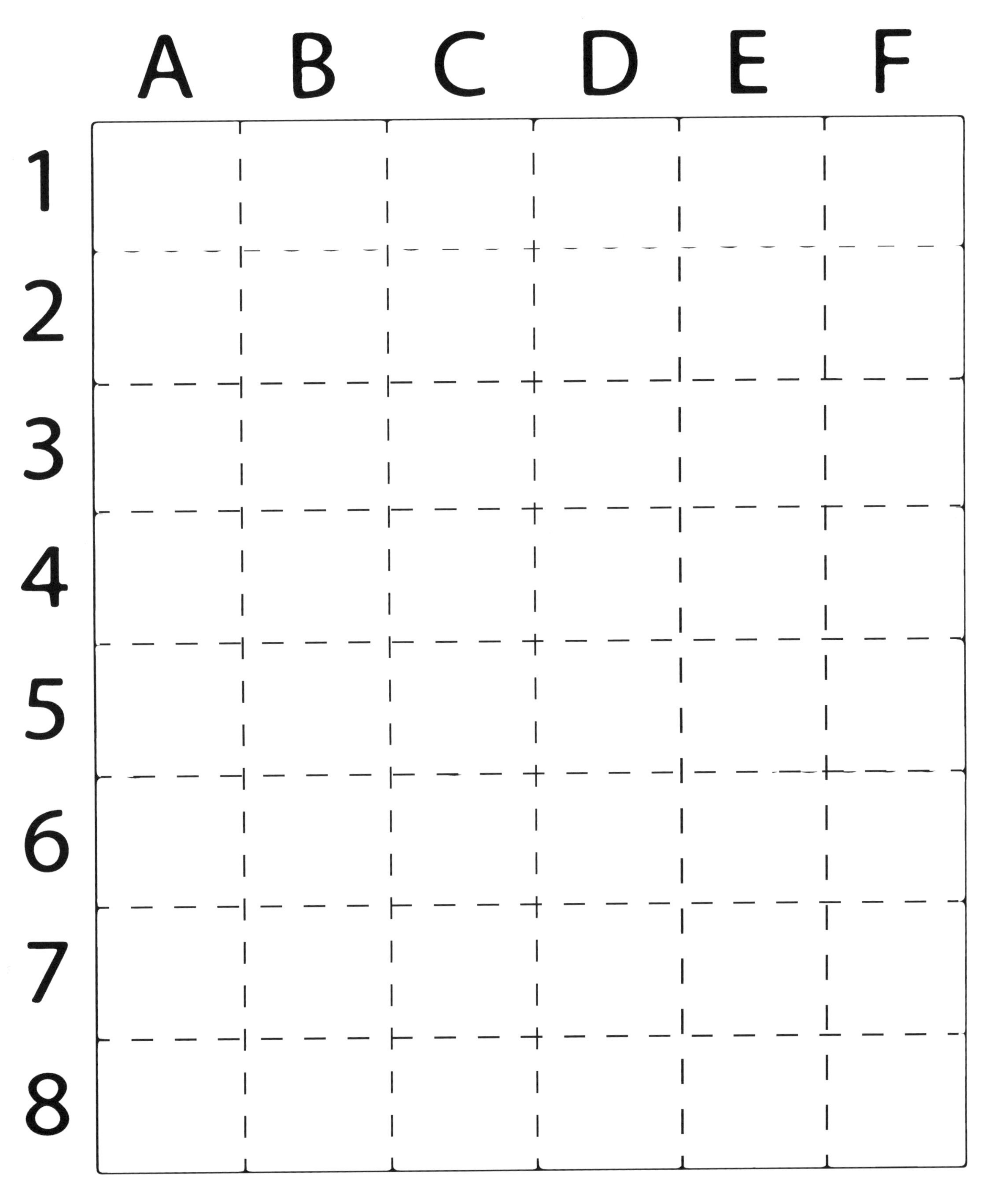

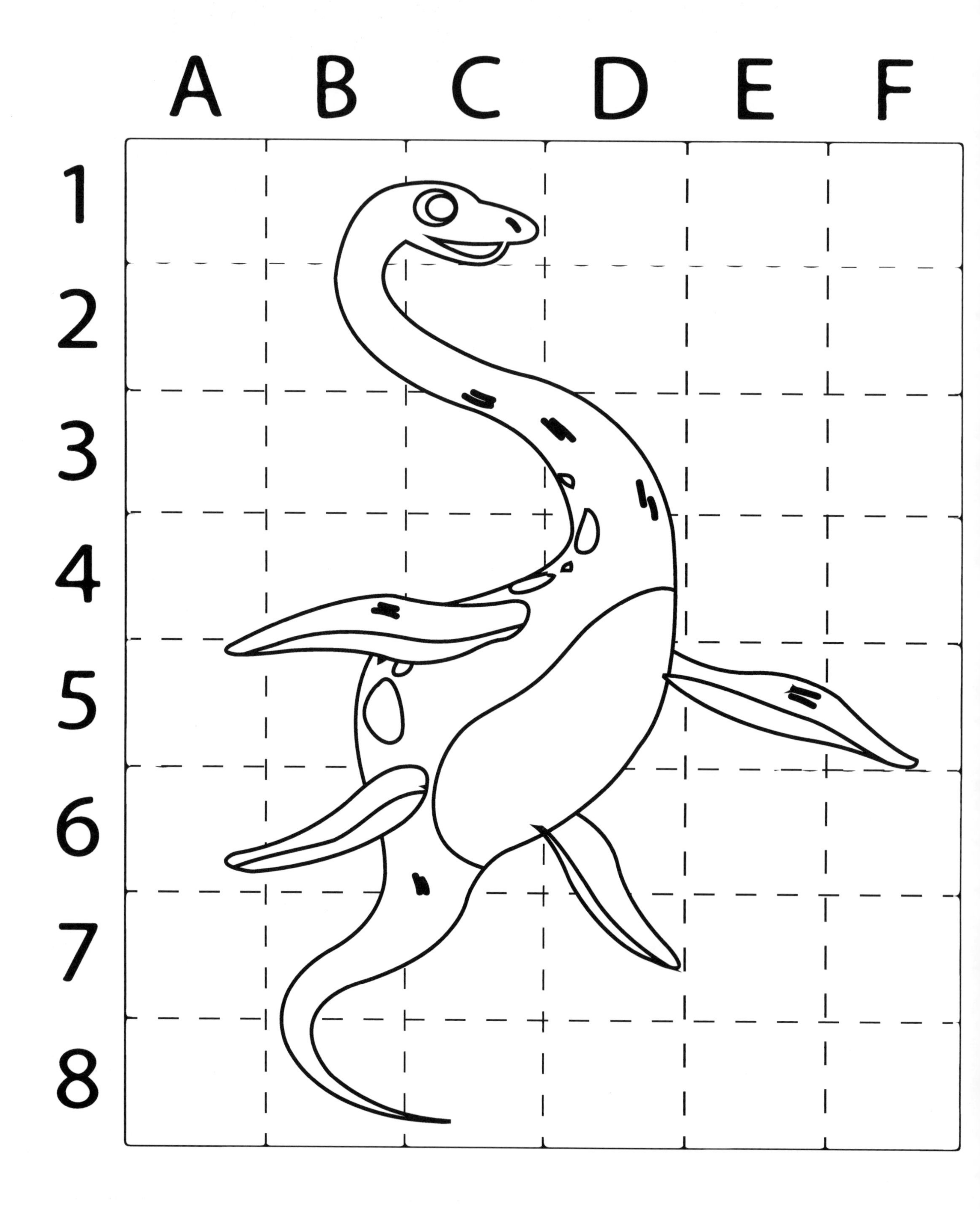
A B C D E F
1
2
3
4
5
6
7
8

YOUR TURN!

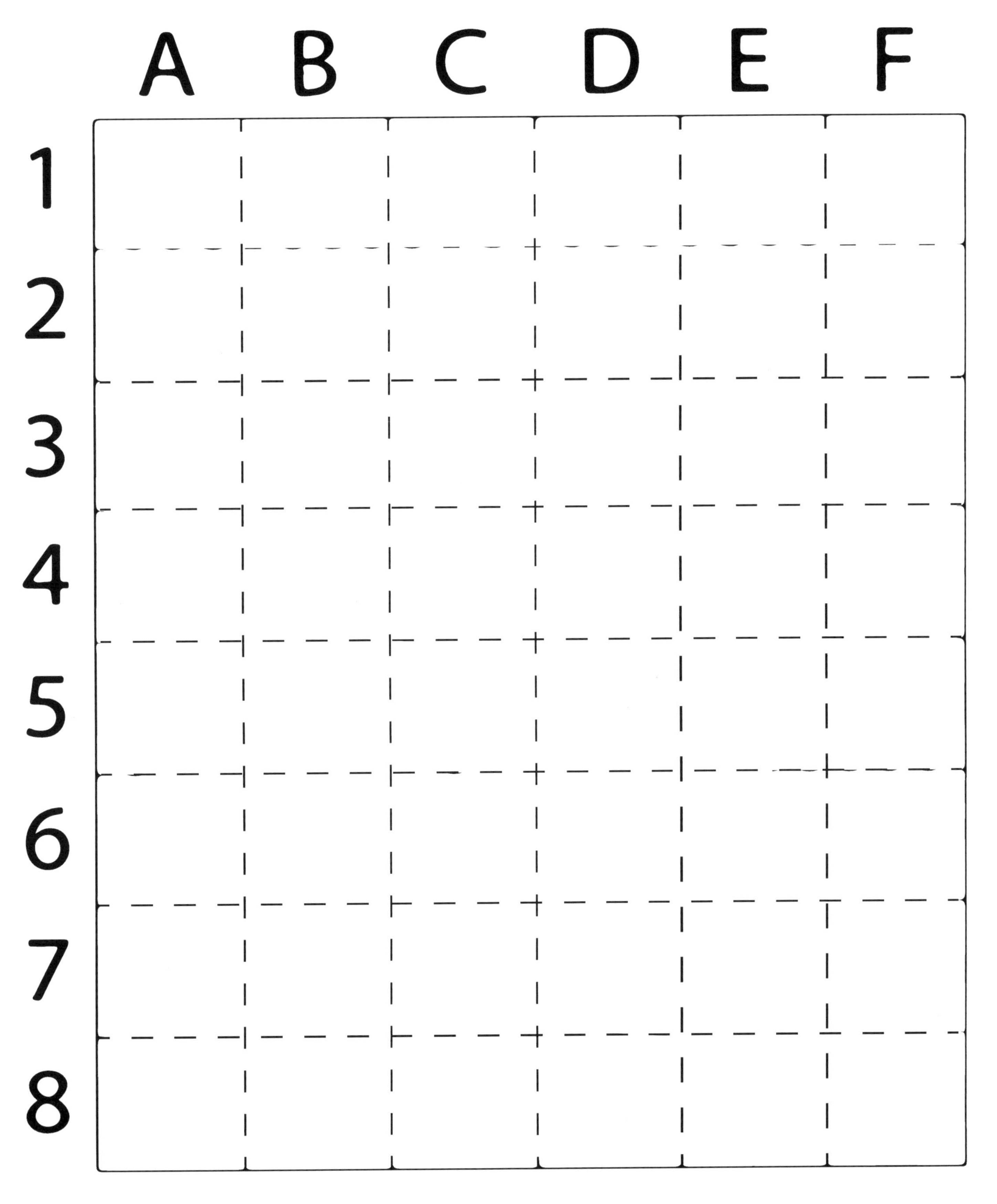

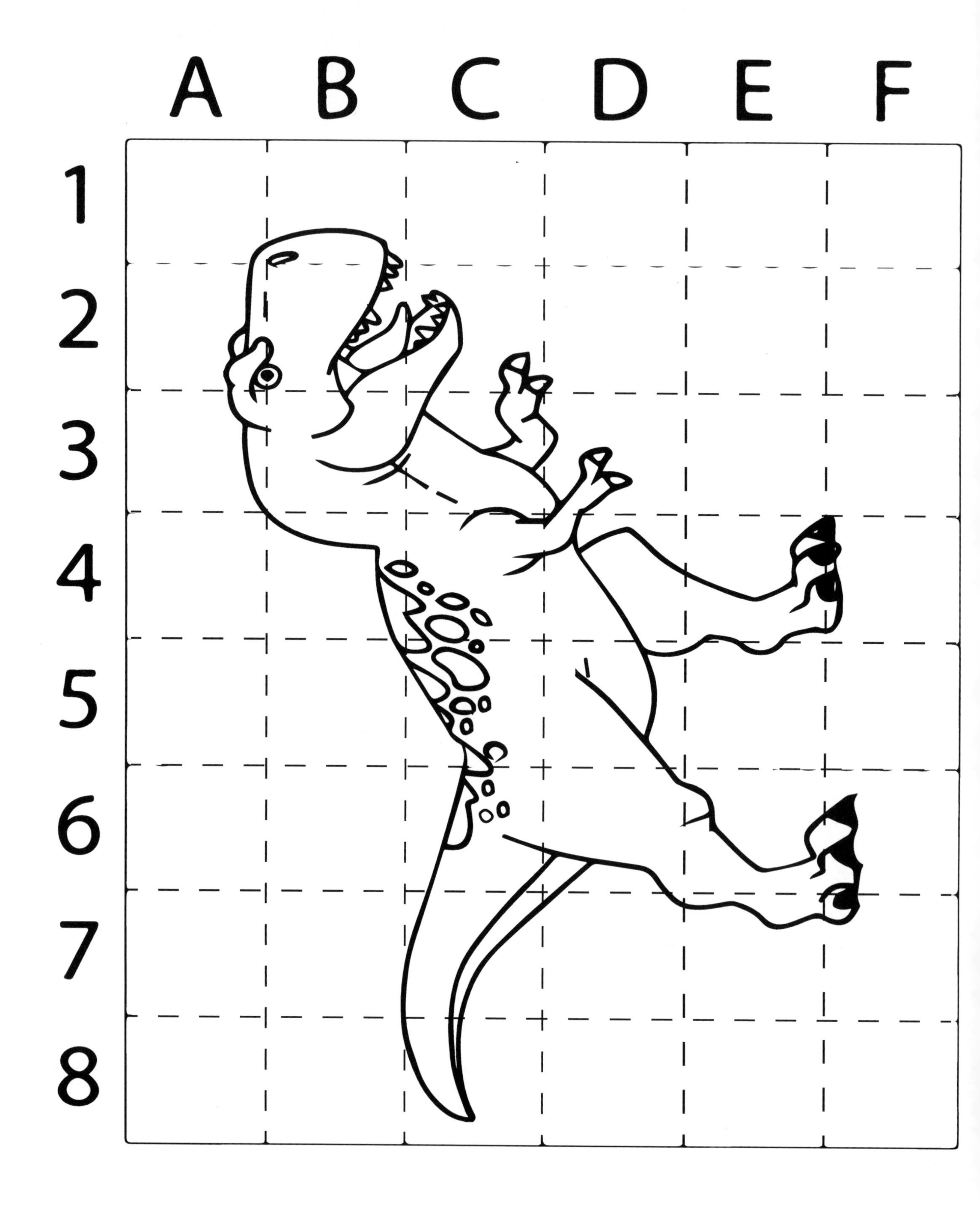
A B C D E F
1
2
3
4
5
6
7
8

YOUR TURN!

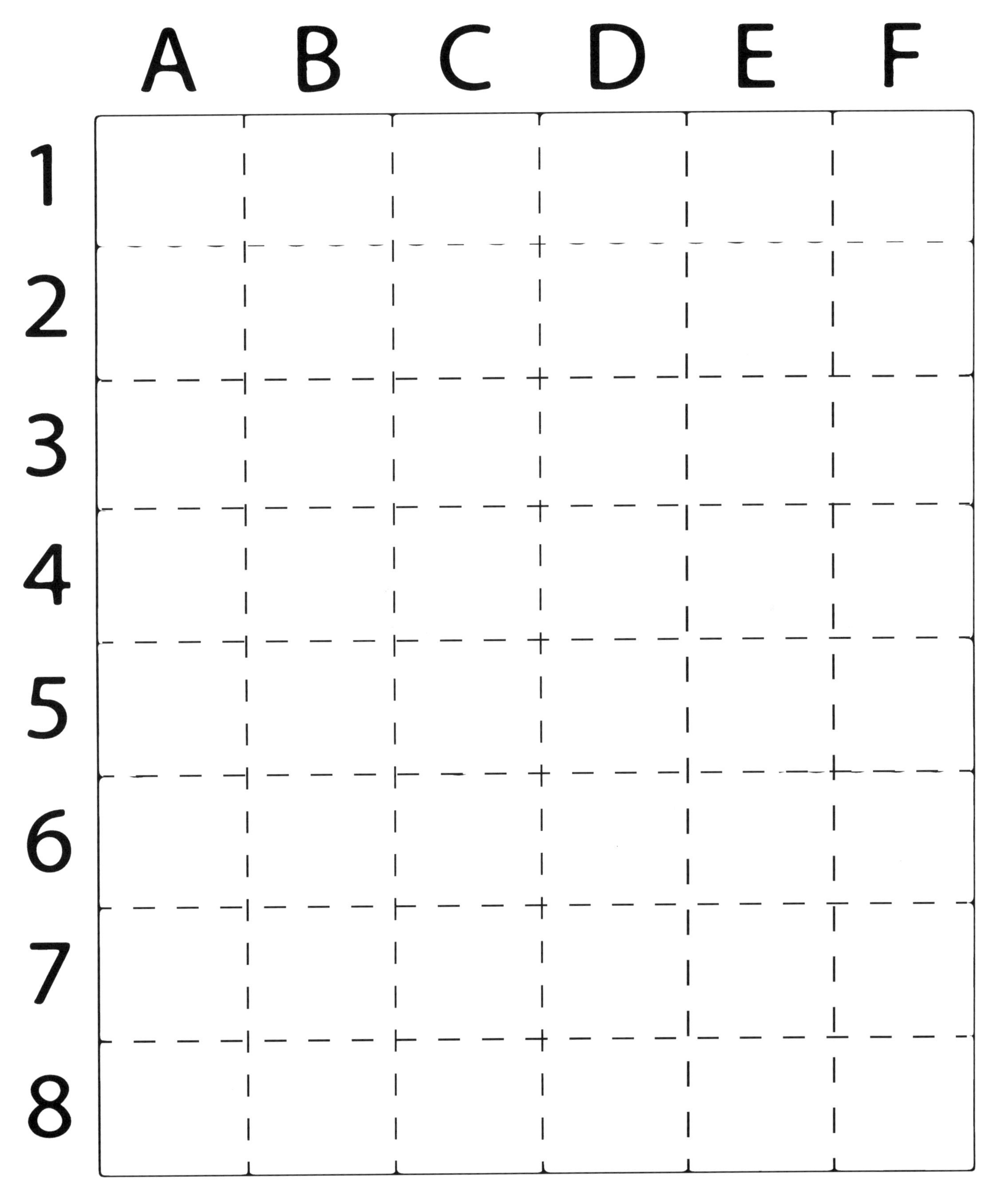

A
B
C
D
E
F
1
2
3
4
5
6
7
8

YOUR TURN!

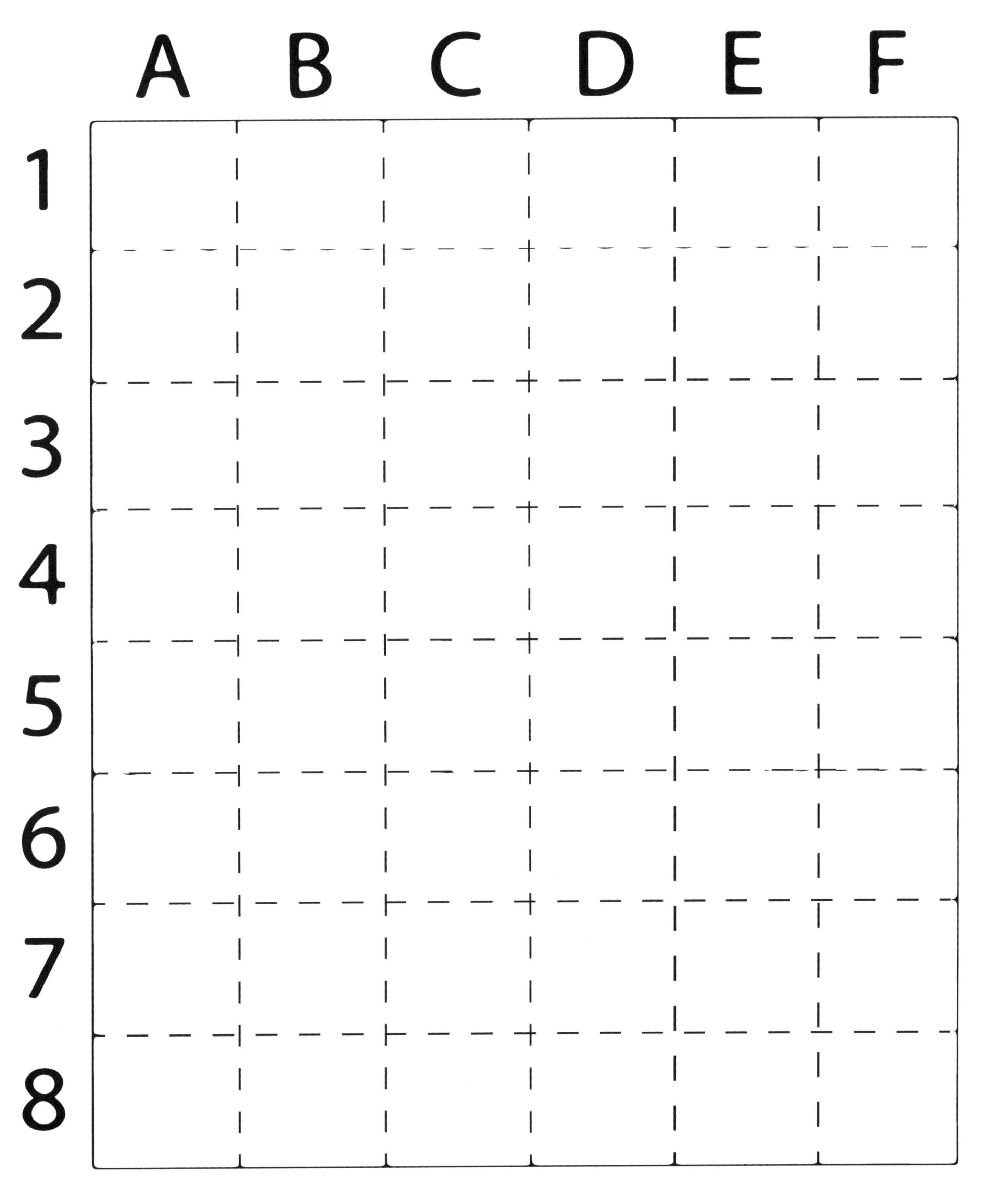

A
B
C
D
E
F
1
2
3
4
5
6
7
8

YOUR TURN!

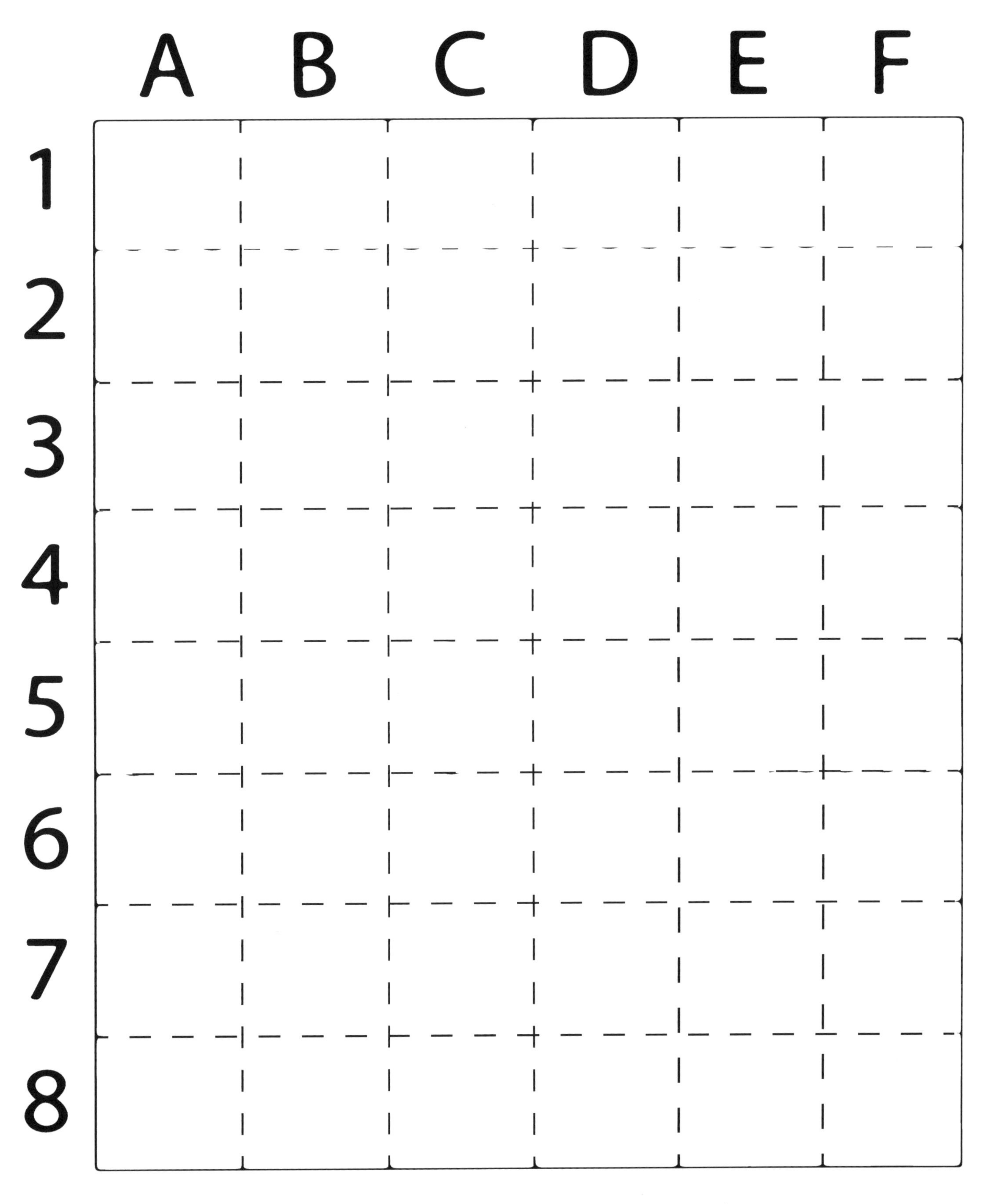

ALWAYS BE KIND.

Manufactured by Amazon.ca
Bolton, ON

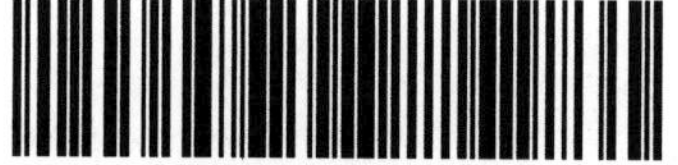